Este álbum pertence a:
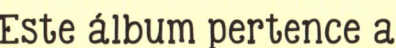

V&R
EDITORAS

Você recebeu Jesus em seu coração

Guarde aqui as lembranças deste dia e dos dias de sua preparação.

Primeira Comunhão

(Espaço para sua foto)

A foto da minha Primeira Comunhão

A história da minha Primeira Comunhão

A minha Primeira Comunhão foi na Igreja ....

....

Na cidade de..

No dia .... de ....de .... às ....

A missa foi celebrada pelo padre ....

Meu/Minha catequista foi ....

A minha preparação foi (na escola, na paróquia ou em outro lugar).........................

....

Eu fiz a minha Primeira Comunhão com:

....
....
....
....
....
....
....
....

O maior presente que Jesus deixou pra você

> DURANTE A REFEIÇÃO, JESUS TOMOU O PÃO, BENZEU-O, PARTIU-O E O DEU AOS DISCÍPULOS, DIZENDO: "TOMAI E COMEI, ISTO É MEU CORPO".
> MATEUS 26,26

O próprio Jesus quis deixar algo para ficar com você e o convidou para a sua mesa, como fez com os apóstolos, seus discípulos.

A aliança com aqueles que o amam é o seu presente.

Meus santinhos

Jesus recebeu você em sua mesa

Você chegou ao Batismo pelos braços de seus pais.
Agora, você se aproxima por vontade própria da festa mais importante, o melhor dos banquetes: a Eucaristia.
Aqueles que o amam rezam para que, ao longo da sua vida, você repita muitas vezes essa profunda união com Jesus.

Para que você cresça fortalecido na sua fé e protegido pela graça de Deus.

Os convidados para a minha Primeira Comunhão

estiveram ao meu lado neste dia:

As fotos da família

As fotos da família

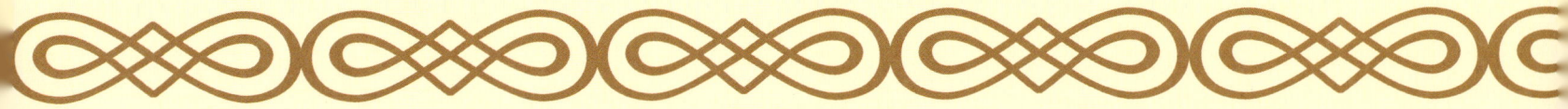

Eu teria gostado muito que estivesse presente

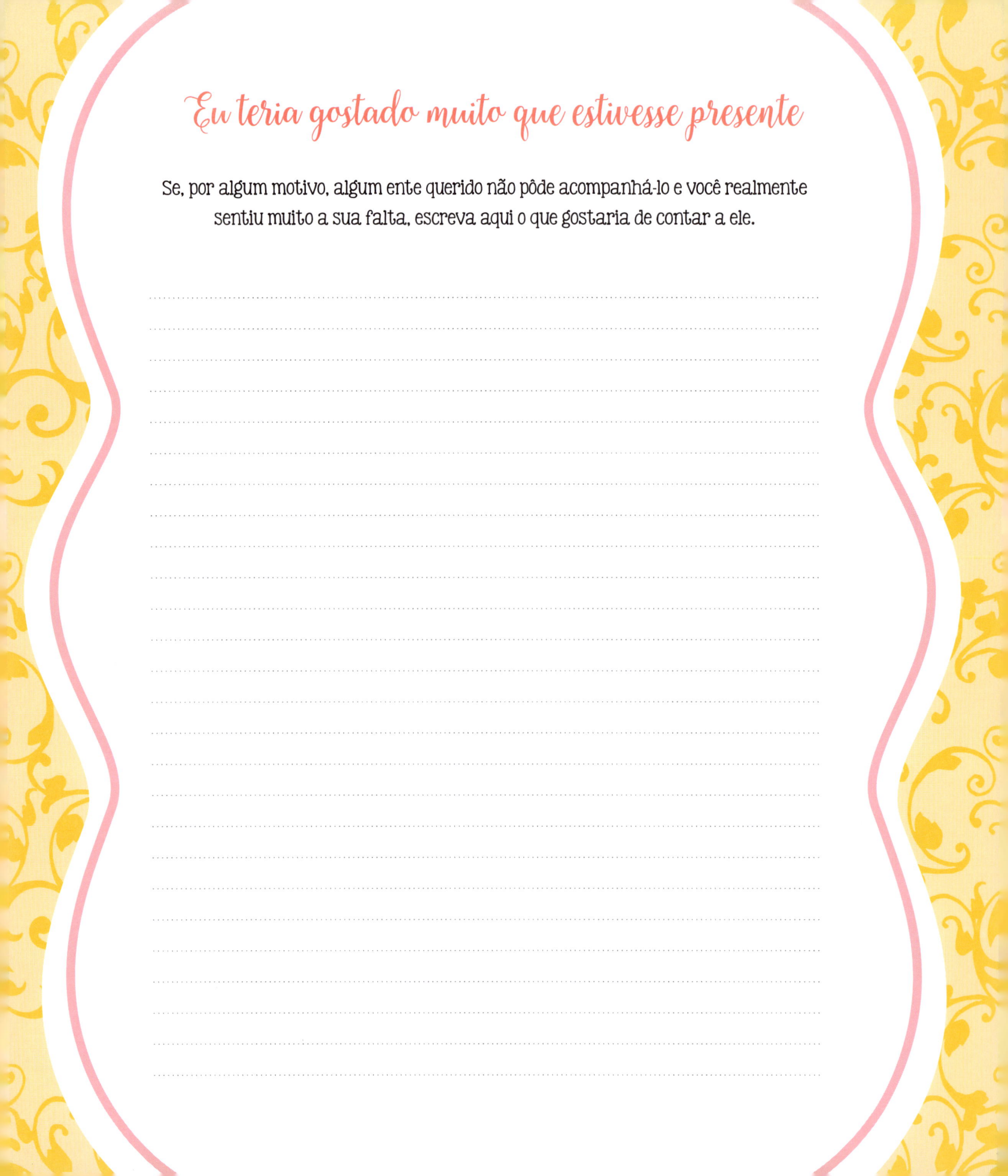

Se, por algum motivo, algum ente querido não pôde acompanhá-lo e você realmente sentiu muito a sua falta, escreva aqui o que gostaria de contar a ele.

Jesus deseja a sua companhia

Ao pensar em Jesus, não o imagine distante e silencioso.
Ele não afastava as crianças que o rodeavam: pelo contrário,
ele pedia para que se aproximassem e ficassem ao seu lado.

Procure Jesus: Ele está tão perto e atento como os seus pais. Chame-o.
Quando estiver triste, entediado, e também quando estiver feliz.

> DEIXAI VIR A MIM AS CRIANCINHAS.
> LUCAS 18,16

Minha catequese

Que ensinamentos você recebeu durante a preparação para este momento tão sagrado?
....
....
....
....
....
....

Em que você pensava durante as aulas?
....
....
....
....
....
....

O que você sentiu quando se confessou pela primeira vez?
....
....
....
....
....
....

o que aconteceu quando você se aproximou do altar?

escreva aqui outros pensamentos e lembranças:

Minha preparação

Meu/minha catequista:
....
....
....

Meus colegas:
....
....
....
....
....
....
....
....

A sala:
....
....
....

meu devocionário:

....
....
....
....
....

minhas anotações:

....
....
....
....
....

o lugar de encontro
depois das aulas:

Lembranças da minha caminhada até o grande dia

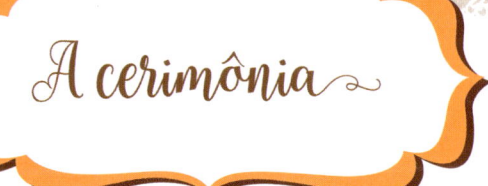

A cerimônia

Como aconteceu? Foi uma cerimônia comunitária ou individual?

....
....
....
....
....
....
....
....
....
....
....
....
....

Você fez alguma participação específica, como, por exemplo, uma leitura?

....
....
....
....
....
....

você se lembra do que o sacerdote disse?
....
....
....
....
....
....

qual foi o momento mais marcante e por quê?
....
....
....
....
....
....

você gostaria de ter participado de algum outro jeito?
....
....
....
....
....
....

Oração de louvor

Glória a Deus nas alturas,
e paz na terra aos homens por ele amados.
Senhor Deus, Rei dos Céus, Deus Pai todo poderoso,

Nós vos louvamos,
nós vos bendizemos,
nós vos adoramos,
nós vos glorificamos,
nós vos damos graças por vossa imensa glória.

Senhor Jesus Cristo, filho unigênito;
Senhor Deus, Cordeiro de Deus, Filho de Deus Pai,
vós que tirais o pecado do mundo,
tende piedade de nós;
vós que tirais o pecado do mundo,
acolhei a nossa súplica;
vós que estais à direita do Pai,
tende piedade de nós;
só vós sois Santo,
só vós sois o Senhor.
Só vós o altíssimo, Jesus Cristo,
com o Espírito Santo,
na glória de Deus Pai.
Amém.

Lembranças deste dia tão especial

Cole aqui as fotografias das comemorações deste dia. Você também pode incluir alguns objetos da cerimônia como: laços de fita, faixas de cabelo, cartões etc.

Lembranças

Maria ajuda você a estar mais perto de Jesus

Assim como você ama sua mãe, Jesus também ama a mãe dele.
Ele escuta o que ela pede, e atenderá o que ela pedir por você.

Nunca se esqueça da principal oração para a Mãe de Deus.

> Ave, Maria,
>
> cheia de graça,
>
> o Senhor é convosco,
>
> bendita sois vós entre as mulheres,
>
> e bendito é o fruto do vosso ventre, Jesus.
>
> Santa Maria, Mãe de Deus,
>
> rogai por nós, pecadores, agora e na hora
>
> de nossa morte.
>
> Amém.

Quando estiver em apuros, os dois primeiros versos já bastam. Ela vai saber.

Leve os seus pedidos, pensamentos e agradecimentos para ela.

Maria:

Leve os seus amigos até Jesus

É bom ir para a escola e encontrar os amigos. Ter muitos amigos deixa a gente feliz. E melhor ainda é ser um bom companheiro e se parecer com Jesus: Ele gosta de todos, e todos gostam dele.

Não é preciso muito esforço para levar Jesus aos outros.

Ame a Jesus assim como você ama seus amigos. Peça a ele para você ser mais um da turma.

UM AMIGO FIEL É UMA PODEROSA PROTEÇÃO: QUEM O ACHOU DESCOBRIU UM TESOURO.
ECLESIÁSTICO 6,14

Os santinhos dos meus colegas

Os santinhos dos meus colegas

O SENHOR FEZ EM MIM MARAVILHAS, SANTO É SEU NOME.

RECEBE, SENHOR, ESTE PÃO,
O TRABALHO DAS MÃOS DOS QUE SÃO FILHOS SEUS.

Dedicatórias dos meus amigos

Dedicatórias dos meus amigos

Sua família é uma bênção

Agradeça a Jesus por sua família. É maravilhoso se sentir protegido, cuidado e querido. Aprecie tudo o que seus pais e irmãos fazem por você e retribua esse amor fazendo mais coisas por eles para, assim, completar esse círculo mágico.

Se você pode perceber a força do amor dos seus pais, você compreenderá a intensidade do amor de Deus. Por isso, ele nos chamou, justamente, filhos seus.

> O PRIMEIRO MANDAMENTO ACOMPANHADO DE UMA PROMESSA É: HONRA TEU PAI E TUA MÃE PARA QUE SEJAS FELIZ E TENHAS LONGA VIDA SOBRE A TERRA.
> EFÉSIOS 6,2-3

(Espaço para sua foto)

Dedicatórias dos meus familiares

Dedicatórias dos meus familiares

Confio nestas pessoas

Sabemos que Deus está atento a nós e confiamos em sua infinita bondade, compreensão e misericórdia. Rezamos e pedimos sua ajuda, mas, no dia a dia, todos nós precisamos de alguém que possa nos ajudar, nos consolar, nos aconselhar ou, simplesmente, nos escutar.

Em quem você confia no dia a dia? Faça uma lista e conte o porquê.

Quem são as pessoas que podem ajudar você a viver na fé (sacerdote, religioso, família)?

....
....
....
....
....
....
....
....
....
....

O que você faz quando precisa de apoio espiritual?

- ⃝ rezo
- ⃝ medito em silêncio
- ⃝ vou à igreja
- ⃝ me ajoelho ao lado da minha cama
- ⃝ falo com alguém
- ⃝ canto músicas religiosas
- ⃝ alguma outra coisa

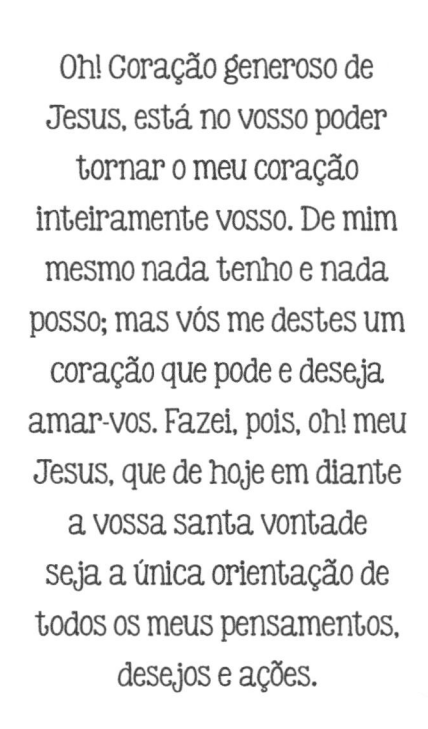

Oh! Coração generoso de Jesus, está no vosso poder tornar o meu coração inteiramente vosso. De mim mesmo nada tenho e nada posso; mas vós me destes um coração que pode e deseja amar-vos. Fazei, pois, oh! meu Jesus, que de hoje em diante a vossa santa vontade seja a única orientação de todos os meus pensamentos, desejos e ações.

Novena para a festa do Sagrado Coração -
Manual do Coração de Jesus

A Comunhão engrandece mais ainda seu coração

Tem alguns momentos nos quais você sente que esqueceu o que aprendeu durante a preparação para esta Comunhão. Como, por exemplo, quando você não divide suas coisas, ou quando não ajuda em casa ou ainda quando lhe pedem para fazer algo. E, assim, se sente mal consigo mesmo.

Quando você comungar, peça para Jesus lhe dar um coração tão grande como o dele, onde existe lugar para todos.

EIS QUE VENHO, Ó DEUS, PARA FAZER A TUA VONTADE.

Fortaleça sua união com Jesus

Cada vez que você comungar neste maravilhoso Sacramento e no ministério da fé, você renovará o pacto com o Senhor.

> EU SOU O PÃO DA VIDA.

As portas da igreja estarão sempre abertas para você, assim como o infinitamente misericordioso Coração de Jesus.

Visite-o toda vez que puder.

Reserve uns minutos e reflita sobre o significado deste sacramento para você.

Jesus ensina você a viver em *paz*

Ele quer dar forças para que você viva em paz e em harmonia.
Talvez você não consiga acabar com as guerras no mundo, mas,
suas ações ajudarão a evitar brigas e conflitos ao redor.

Que a paz esteja contigo.

> Senhor, fazei de mim um instrumento da vossa paz.
> Onde houver ódio, que eu leve o amor.
> Onde houver ofensa, que eu leve o perdão.
> Onde houver discórdia, que eu leve a união.
> Onde houver dúvidas, que eu leve a fé.
> Onde houver erro, que eu leve a verdade.
> Onde houver desespero, que eu leve a esperança.
> Onde houver tristeza, que eu leve a alegria.
> Onde houver trevas, que eu leve a luz.
>
> FRAGMENTO DA ORAÇÃO
> DE SÃO FRANCISCO DE ASSIS

Jesus vive em você

Jesus vê dentro do seu coração e sabe que você o ama. Conte com ele, peça o que precisar, fale sobre suas alegrias e preocupações. Ele sabe tudo sobre você e gosta quando você compartilha seus pensamentos e conversa com ele.

> ...QUEM PERMANECE NO AMOR PERMANECE EM DEUS E DEUS NELE.
> I SÃO JOÃO 4,16

Procure o seu momento com ele

O tempo é um presente de Deus. Os meses, os dias são todos seus porque ele deseja que assim seja.

Entre muitas atividades, procure um tempo para estar com Jesus a cada dia, mesmo que seja somente por alguns minutos. Converse com ele, num lugar reservado e silencioso.

Sagrado Coração de Jesus, eu confio em Vós.

Eu falo assim com Jesus

Registre nesta página algumas das coisas que você diz para Jesus quando está a sós com ele: pedidos, promessas, agradecimentos, pensamentos e até formas de rezar criadas por você.

Seja testemunha de Jesus nas suas obras

À medida que você cresce, descobre que tem pessoas
que sofrem muito. Você iria se sentir bem de poder ajudá-las em nome
de Jesus e para que possam conhecê-lo ao pronunciar seu nome.

Seja melhor a cada dia e se entregue a todos os necessitados.
Não duvide que é a mão de Jesus que guia você.

Seja testemunha do seu amor.

Cuida da Criação de Deus

Respeitar a natureza também é honrar a obra de Deus.

De que maneira você ajuda a cuidar da natureza?

....
....
....
....
....
....
....
....

> O SENHOR DEUS TOMOU O HOMEM E COLOCOU-O
> NO JARDIM DO ÉDEN PARA CULTIVÁ-LO E GUARDÁ-LO.
> GÊNESIS 2,15

Que a luz de Jesus guie você

Permita que a luz de Jesus dê a você a graça especial de compreender e viver o ministério do Amor maior.

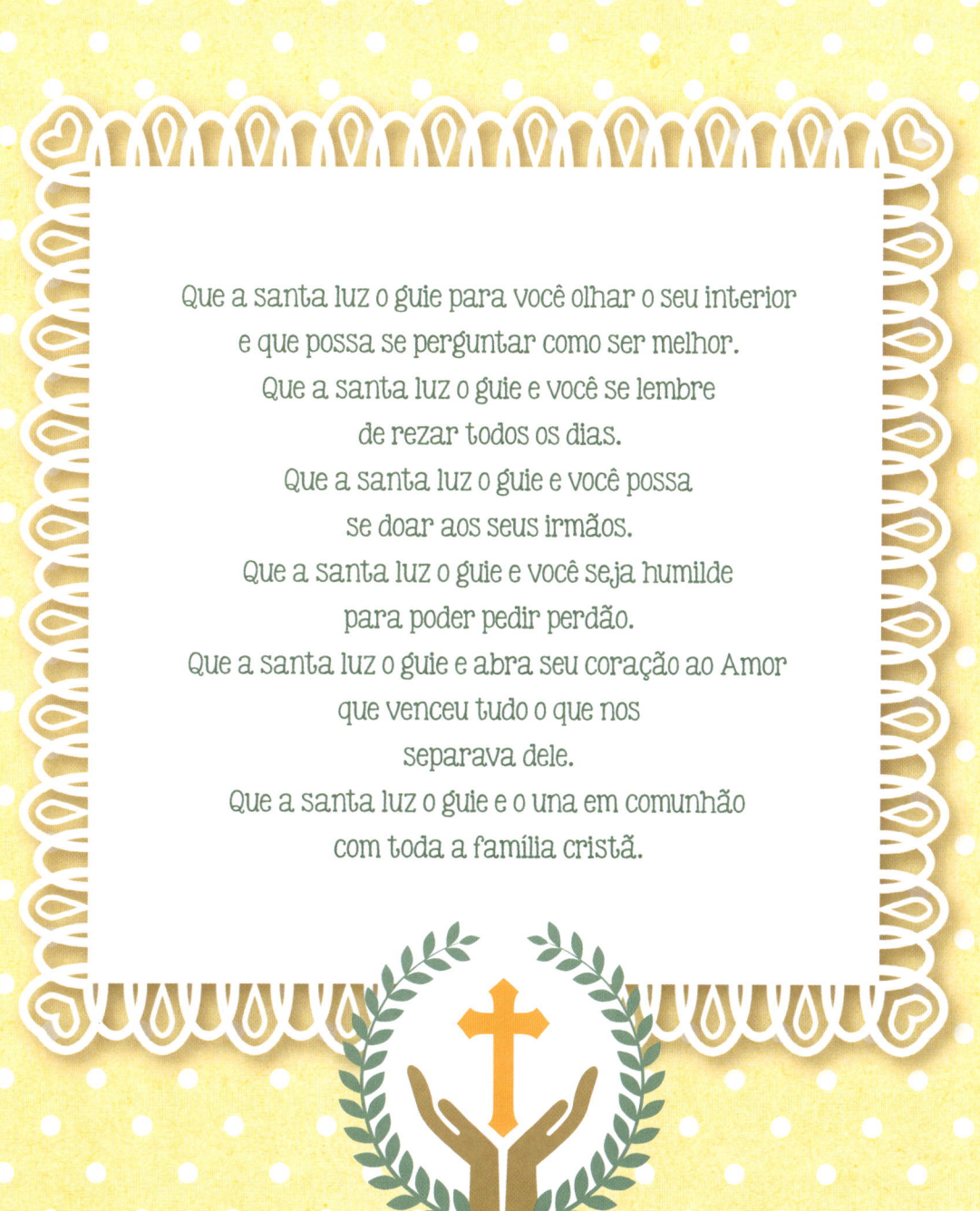

Que a santa luz o guie para você olhar o seu interior
e que possa se perguntar como ser melhor.
Que a santa luz o guie e você se lembre
de rezar todos os dias.
Que a santa luz o guie e você possa
se doar aos seus irmãos.
Que a santa luz o guie e você seja humilde
para poder pedir perdão.
Que a santa luz o guie e abra seu coração ao Amor
que venceu tudo o que nos
separava dele.
Que a santa luz o guie e o una em comunhão
com toda a família cristã.

Siga seu caminho com Jesus

Segure na mão de Jesus para não se perder no caminho.
Você enfrentará sem medo os temores que talvez encontre no seu dia a dia,
porque continuará comendo deste pão.

> EU SOU O PÃO VIVO QUE DESCEU DO CÉU. QUEM COMER DESTE
> PÃO VIVERÁ ETERNAMENTE. E O PÃO, QUE EU HEI DE DAR,
> É A MINHA CARNE PARA A SALVAÇÃO DO MUNDO.
>
> JOÃO 6,51

Jesus se alegra com você

É comum recorrer a ele quando estamos com problemas, desconsolados ou aflitos. Lembre-se de lhe oferecer tudo de bom que acontece com você.

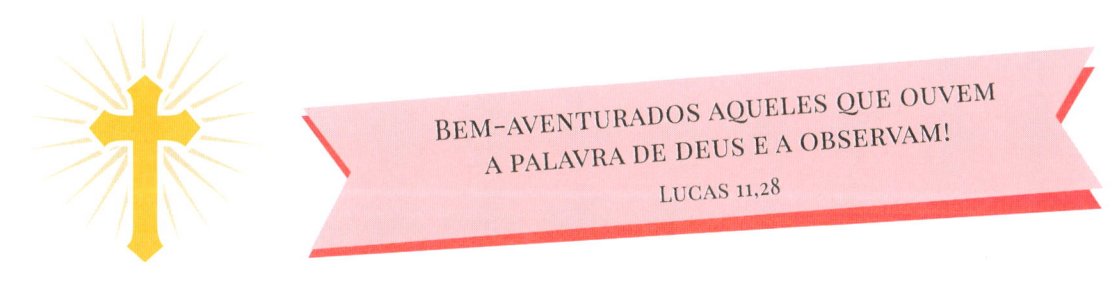

> BEM-AVENTURADOS AQUELES QUE OUVEM A PALAVRA DE DEUS E A OBSERVAM!
> Lucas 11,28

escreva as coisas boas que acontecem com você diariamente:

....
....
....
....
....
....
....
....
....
....
....
....
....
....

Comemore com ele as grandes alegrias.
Ele se alegra com você.

Ensinamentos
de personalidades católicas

O AMOR QUE JESUS PROPÕE É GRATUITO E SEM MEDIDA.

PAPA FRANCISCO

PARA MIM, A ORAÇÃO É UM IMPULSO DO CORAÇÃO, UM SIMPLES OLHAR PARA O CÉU, UM GRITO DE AMOR E GRATIDÃO NA PROVAÇÃO E NA ALEGRIA.

SANTA TEREZINHA DO MENINO JESUS

EU JÁ PUS MEUS OLHOS NOS VOSSOS OLHOS. JÁ COLOQUEI MEU CORAÇÃO JUNTO AO VOSSO CORAÇÃO.

SÃO JOÃO XXIII

A EUCARISTIA E A VIRGEM SÃO AS DUAS COLUNAS QUE SUSTENTAM AS NOSSAS VIDAS.

DOM BOSCO

É O AMOR QUE DÁ O VALOR A TODAS AS NOSSAS OBRAS; NÃO É PELA GRANDEZA NEM PELA QUANTIDADE DE OBRAS QUE AGRADAMOS A DEUS, MAS COM O AMOR COM O QUAL AS REALIZAMOS.

SÃO FRANCISCO DE SALES

ABRAÇA AO DEUS AMOR E ABRAÇA AO DEUS DO AMOR.

SANTO AGOSTINHO

QUEM BUSCA A JESUS POR MARIA FORTALECE A PAZ E A SEGURANÇA DE SUA ALMA.

SÃO BENTO DE NÚRCIA

De santos e anjos

Quais são os santos e anjos de que você mais gosta? Por que você os prefere?
Peça a seus amigos e familiares escreverem os favoritos deles.

Ser melhor por Jesus

Com o Corpo do Senhor na alma, pense nas fraquezas que você gostaria de superar e nas virtudes que gostaria de destacar.

Por que você considera importante trabalhar estes aspectos?

....
....
....
....
....
....
....
....

O que você acha que pode fazer pelos outros a partir de tudo o que aprendeu durante a catequese?

....
....
....
....
....
....
....
....

Meus projetos e sonhos

Quais são suas metas para o futuro? Quais são os sonhos que você deseja que se tornem realidade? O que você pode fazer hoje para que eles se realizem?

O dia mais belo: hoje

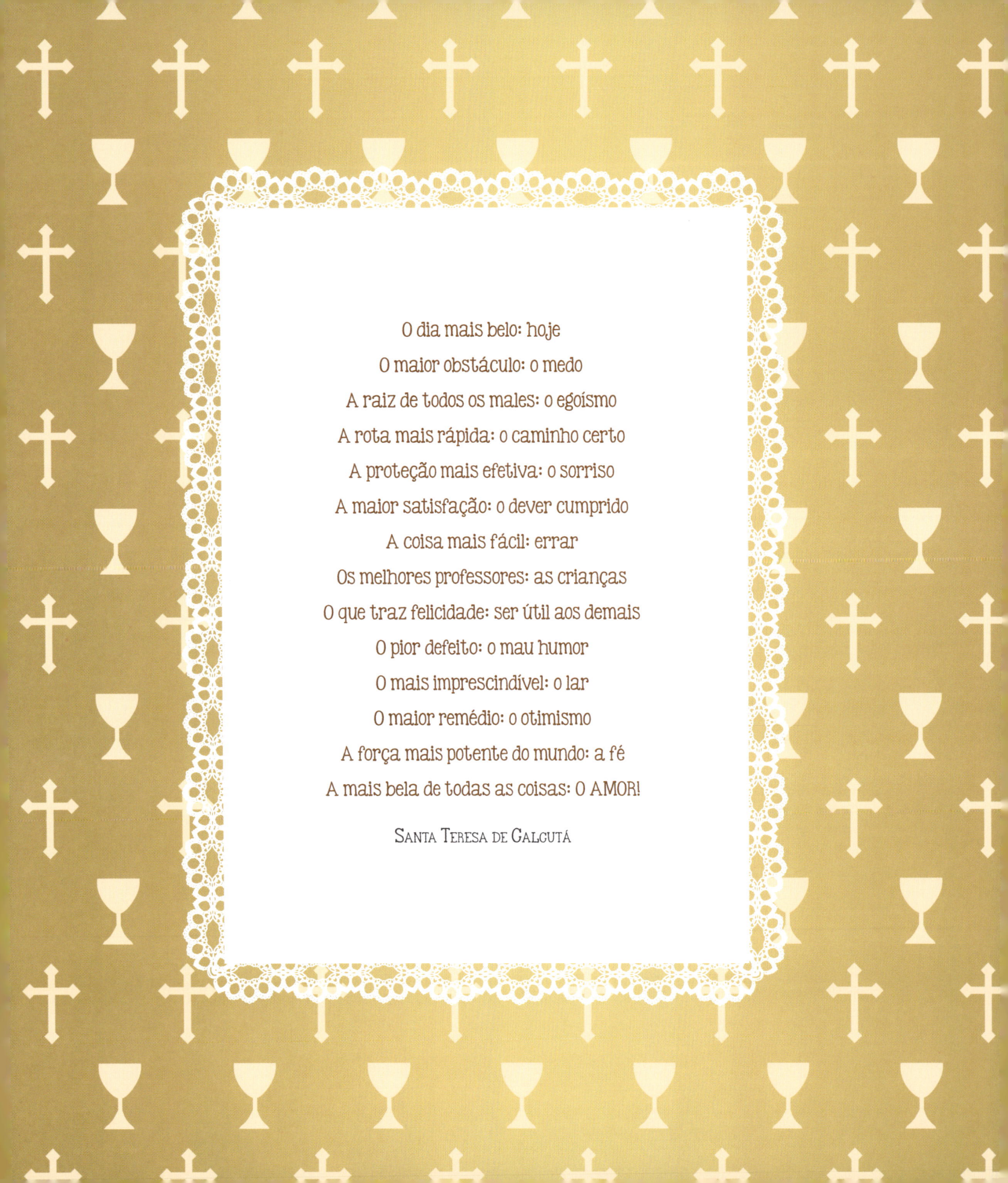

O maior obstáculo: o medo

A raiz de todos os males: o egoísmo

A rota mais rápida: o caminho certo

A proteção mais efetiva: o sorriso

A maior satisfação: o dever cumprido

A coisa mais fácil: errar

Os melhores professores: as crianças

O que traz felicidade: ser útil aos demais

O pior defeito: o mau humor

O mais imprescindível: o lar

O maior remédio: o otimismo

A força mais potente do mundo: a fé

A mais bela de todas as coisas: O AMOR!

Santa Teresa de Calcutá

Depois da cerimônia

a reunião foi (lugar):

a decoração da mesa e da sala:

a comida:

o bolo:

Minha lembrancinha

Qual foi a lembrancinha que seus convidados receberam?
Quem a escolheu? Se você a fez, descreva aqui o passo a passo.

Os presentes

Que presentes você ganhou? Quais foram os preferidos e por quê?
Se tiver recebido algum cartão, você pode colocá-lo aqui.

As melhores fotos da reunião

Fatos engraçados

Acrescente neste álbum algo que tenha acontecido antes,
durante ou depois da cerimônia e que tenha sido muito engraçado,
apesar da seriedade da ocasião. Se esse momento
foi captado numa foto, coloque-a aqui.

Oração de Santo Inácio de Loyola

Tomai, Senhor, e recebei toda a minha liberdade
e a minha memória também.
O meu entendimento e toda a minha vontade,
tudo o que tenho e possuo vós me destes com amor.
Todos os dons que me destes com gratidão vos devolvo.
Disponde deles, Senhor, segundo a vossa vontade.
Dai-me somente o vosso amor, vossa graça.
Isso me basta, nada mais quero pedir.

A música

Que música foi tocada na cerimônia e quem tocou?

....
....
....
....
....
....
....
....
....
....
....

Quem cantou?

○ Cantamos todos juntos
○ Eu cantei sozinho
○ Um coral
○ Um solista
○ Todos os presentes
○ Grupo de violão da catequese
○ Outros

a música de que eu mais gostei:

Comemore por ter Jesus com você

Todos podem cantar. Algumas pessoas têm um dom especial,
mas todos têm essa capacidade.
Você não precisa ser o melhor nem cantar bem.
O que alegra o coração do Altíssimo é o seu canto. Do seu jeito.

Veja aqui algumas sugestões muito simples:

LOUVAREI

Eu louvarei, eu louvarei,
eu louvarei, eu louvarei,
eu louvarei ao meu Senhor.

ALELUIA

Aleluia, aleluia, aleluia,
aleluia, aleluia.

Minhas músicas, orações e hinos

Faça uma lista das suas músicas preferidas e transcreva nestas páginas as estrofes de que você mais gosta.

Minhas músicas, orações e hinos

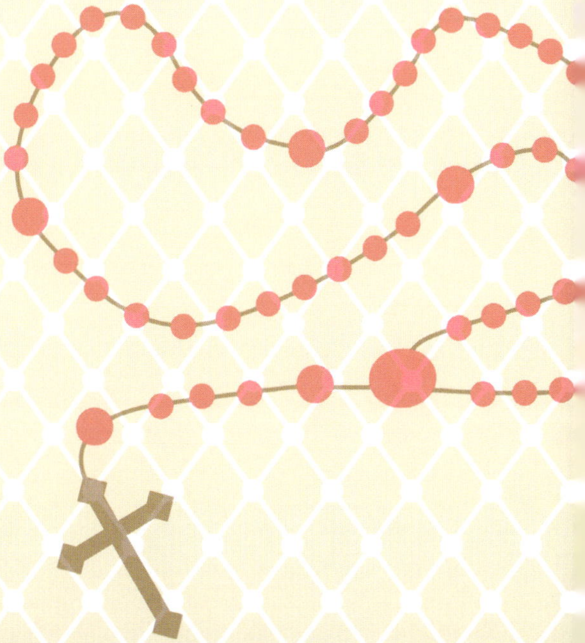

O exame de consciência

Durante sua preparação, certamente lhe falaram sobre o exame de consciência, o ato de revisar os erros e buscar o perdão na Confissão. Você sabe também que, muitas vezes, quando nós erramos, temos a oportunidade de reparar o dano ou a ofensa que causamos.

> Pense em algo que você queira reparar depois de ter feito a Primeira Comunhão.

Como você acha que pode reparar esse erro?

....
....
....
....
....
....
....
....

Depois de reconhecer, vem o propósito de reparar, de prometer a si mesmo que não fará novamente o que pesou no coração. E, logo, vem o alívio. O perdão e a bênção de Deus: Pai, Filho e Espírito Santo.

Fica comigo, Senhor

Você comungou pela primeira vez. Agora, peça para que Deus permaneça ao seu lado.

Fica comigo, Senhor,
porque sou fraco e preciso da tua força para não cair.
Fica comigo, Senhor,
porque és minha vida, e sem ti perco o fervor.
Fica comigo, Senhor,
porque és minha luz, e sem ti reina a escuridão.
Fica comigo, Senhor,
para me mostrar tua vontade.
Fica comigo, Senhor,
para que eu ouça tua voz e te siga.
Fica comigo, Senhor,
pois desejo amar-te e permanecer sempre em tua companhia.
Faze, Senhor, que eu te reconheça
como te reconheceram teus discípulos ao partir do pão,
a fim de que a Comunhão Eucarística
seja a luz a dissipar a escuridão,
a força a me sustentar,
a única alegria do meu coração.

Fragmento da oração do Padre Pio
para depois de comungar

> FICA CONOSCO, JÁ É TARDE
> E JÁ DECLINA O DIA.
> LUCAS 24,29

De hoje em diante

Você está em comunhão com Deus, recebeu o corpo e o sangue de Jesus e,
sem dúvida, viveu este momento como algo excepcional e emocionante.

Logo você vai sair, voltar à escola, ver os amigos,
praticar esportes, descobrir mais novidades da tecnologia
ir a festas, aniversários, batizados e casamentos.

Escolha momentos do seu dia para pensar em Jesus e se lembrar de tudo
o que aprendeu na catequese; decida continuar aprendendo.
Busque apoio, pesquise, vá às reuniões de perseverança.
Peça a seus pais para lhe fazerem companhia na missa aos domingos.

*Deus quer que você o procure; que o considere.
Ele está disposto a amá-lo pelo resto dos seus dias.*

Faça uma lista de propósitos

O Senhor olhou você nos olhos

Você continuará sua vida com alegria e seguirá em frente.

O Senhor o escolheu e você o escolheu.

Foi lhe mostrado o caminho, e você andará nele com alegria e devoção.

> SORRINDO, VOCÊ DISSE O MEU NOME.

Nunca se esqueça de rezar e pedir a força necessária

para estar à disposição como ele está para você. Jesus não o abandona.

Que Deus o abençoe.

TÍTULO ORIGINAL *El álbum de mi Primera Comunión*
© 2016 V&R Editoras
© 2017 Vergara & Riba Editoras S.A.

EDIÇÃO Fabrício Valério e Marcia Alves
TRADUÇÃO Gladis Inostroza
REVISÃO Isabel Ferrazoli
DIAGRAMAÇÃO Ana Solt
CAPA E DESIGN María Natalia Martinez

Dados Internacionais de Catalogação na Publicação (CIP)
(Câmara Brasileira do Livro, SP, Brasil)

Naón Roca, Enriqueta
O álbum da minha Primeira Comunhão / Enriqueta Naón Roca ; traduzido por Gladis Inostroza. – 1. ed. – São Paulo : Vergara & Riba Editoras, 2017.

Título original: *El album de mi primera comunión*
ISBN 978-85-507-0166-0

1. Álbuns de recordações 2. Catequese - Igreja Católica 3. Primeira Comunhão I. Título.

17-09986   CDD-264.36

Índices para catálogo sistemático:
1. Álbuns de recordações : Primeira Comunhão : Cristianismo 264.36

Todos os direitos desta edição reservados à
VERGARA & RIBA EDITORAS S.A.
Rua Cel. Lisboa, 989 | Vila Mariana
CEP 04020-041 | São Paulo | SP
Tel.| Fax: (+55 11) 4612-2866
vreditoras.com.br | editoras@vreditoras.com.br

SUA OPINIÃO É MUITO IMPORTANTE
Mande um e-mail para **opiniao@vreditoras.com.br** com o título deste livro no campo "Assunto".

1ª edição, ago. 2018
FONTE Fira Sans Book 11/20 pt;
KG Be Still and Know 11/19pt; Cherryla 23/26,45 pt
PAPEL Woodfree 160 g/m²
IMPRESSÃO Asia Pacific Offset
LOTE Q18020159
Impresso na China • Printed in China